PRÉCIS HISTORIQUE

SUR L'HORRIBLE ASSASSINAT

COMMIS A L'OPÉRA,

le 13 Février 1820,

Par Louis-Pierre Louvel,

Sur la personne de S. A. R. Mgr. le Duc DE BERRI, *Fils de France.*

Imprimerie de BAUDOUIN, Fils.

Louis Pierre Louvel,

Employé à la Sellerie du Roi.

PRÉCIS HISTORIQUE

SUR L'HORRIBLE ASSASSINAT

COMMIS A L'OPÉRA

Le 13 Février 1820,

Par Louis-Pierre LOUVEL,

Sur la personne de Son Altesse Royale

Mgr. le Duc DE BERRI, *Fils de France*;

CONTENANT les détails les plus exacts de cet affreux événement; les derniers momens de cet infortuné Prince, et ses adieux à son Auguste Famille;

SUIVI des actes de bienfaisance et des beaux traits qui feront honorer à jamais sa mémoire;

Et terminé par les renseignemens les plus uthen ues sur la vie et les mœurs de son s

onc connu ce forfait plein d'horreur!

PARIS,

CHASSAIGNON, LIBRAIRE, rue du Marché-Neuf, No. 3.

1820.

PRÉCIS HISTORIQUE,

Sur l'horrible assassinat commis à l'Opéra, sur la personne de S. A. R. MONSEIGNEUR LE DUC DE BERRI, FILS DE FRANCE, par Louis-Pierre Louvel, le 13 février 1820.

La France était tranquille et jouissait du bonheur que lui assurent les lois sages de l'Auguste Monarque que le ciel a rendu à ses vœux; après de longues calamités, l'espoir d'un heureux avenir était dans tous les cœurs, déjà les plaisirs du carnaval avaient fait oublier les occupations sérieuses; et l'aimable Folie agitant ses grelots, appelait les habitans de la Capitale à venir partager sa gaîté; lorsqu'une nouvelle affreuse se répandit tout-à-coup dans tout Paris, dès le matin du 14 février.....

« Monseigneur le duc de Berri a été
» assassiné hier à onze heures du soir à
» l'opéra !....... »

Le récit d'un aussi fatal événement fut d'abord accueilli avec incrédulité ; mais bientôt ce doute, si honorable pour le Français, ne fut hélas que trop confirmé ! La plus vive douleur éclata alors de toutes parts ; un crêpe funèbre enveloppa les grelots de la Folie : bals, jeux, spectacles, réunions, établissemens publics, tout cessa, tout fut fermé. Un deuil général remplaça tous les plaisirs ; on ne s'aborda plus qu'en répandant des larmes, qu'en s'informant des moindres détails de ce terrible malheur, et le nom de l'homme...... Que dis-je ? du monstre féroce qui avait plongé le fer assassin dans le sein de l'auguste victime, n'étoit prononcé qu'avec horreur !

Infortunée Famille, puissent nos regrets adoucir votre douleur ! Puissiez-vous trouver dans l'amour des Français, un dédommagement de la perte cruelle que vous avez faite. Puisse leur inviolable attachement vous prouver combien vous êtes chérie, et porter la consolation dans vos âmes vertueuses !......

Interprètes de la douleur générale,

nous sentons ce qu'a de difficile pour nous l'obligation de faire trève en quelque sorte à celle qui nous accable, pour retracer avec exactitude les détails que nous avons recueillis sur cette épouvantable catastrophe ; mais, en attendant que l'histoire transmette à la postérité, et que l'éloquence des orateurs chrétiens consacre par des monumens durables la vie du Prince que nous pleurons, nous devons préparer à l'éloquence et à l'histoire les matériaux dont elles se serviront un jour l'une et l'autre, pour peindre comme en abrégé ; dans les derniers momens du duc de Berri, toute l'élévation de son âme, toute la bonté de son caractère, toute l'étendue de son courage, toute la sincérité de ses sentimens religieux. Le duc de Berri a fourni une courte carrière : la moitié de sa vie s'est écoulée dans un exil qui l'a éloigné de nos yeux. Depuis près de six ans qu'il nous a été rendu, assis sur les premiers degrés du trône de ses aïeux, il est resté étranger au maniement des affaires, et n'a presque jamais révélé son existence politique que par des bienfaits ; mais six heures ont suffi pour que ses excellentes qualités parussent dans tout leur éclat.

La mort, dans le sein de laquelle vont s'éteindre les derniers rayons de la gloire des héros, a fait briller la sienne d'un éclat immortel, et c'est en cessant d'être qu'il a montré à la France ce qu'il eût été un jour s'il lui avoit été donné d'accomplir ses destinées; c'est en le perdant que que nous avons pu apprécier l'immensité de la perte que nous avons faite.

Tout ce que nous allons dire a été transmis par des témoins oculaires, qui n'ont point quitté le prince un seul instant, depuis le coup qui l'a frappé jusqu'à l'heure de sa mort. Le récit que nous présentons est extrait de différens récits qui nous ont été envoyés, revêtus de la signature de leurs auteurs; et quand le nom de ces témoins respectables ne suffiroit pas pour garantir l'exactitude des faits, la conformité absolue de ces narrations diverses, rédigées séparément l'une de l'autre, seroit une preuve de leur fidélité.

On donnait le dimanche gras, 13 février, à l'Opéra, par extraordinaire, un spectacle composé du *Rossignol*, des *Noces de Gamache*, et du *Carnaval de Venise*. Quelques minutes avant la fin du dernier ballet, madame la duchesse de Berri témoigna le desir de se retirer. Le duc l'accompagna jusqu'à sa voiture, lui donna la main pour y monter, et un valet de pied ferma la portière. Le Prince se disposait à rentrer dans sa loge, et il était déjà retourné pour remonter l'escalier, lorsqu'un individu, qui avait dépassé le factionnaire de la garde royale, préposé à la surveillance de la porte, s'élance sur lui, le saisit fortement par l'épaule gauche, et élevant le bras au-dessus de l'épaule droite, lui enfonce au-dessous du sein droit, entre la septième et la huitième côte, un instrument aigu à deux tranchans, de la longueur de sept à huit pouces, attaché à une poignée de bois grossièrement travaillée. Le coup fut asséné avec assez de violence pour pénétrer dans le corps du Prince de toute la longueur de l'instrument.

Ce n'est qu'avec un sentiment d'horreur que nous traçons ici le nom de l'assassin; ce nom qui se trouve désormais accolé à celui des Ravaillac et des Damien, et qui doit partager l'infamie de leur immortalité. Il se nomme Louis-Pierre Louvel, sellier de profession, employé seulement depuis trois mois dans la propre sellerie du Roi, et logé dans les grandes écuries.

Au moment où le Prince se sentit frappé, il porta la main à sa blessure, et s'écria : *Je suis mort!* Il eut le courage de retirer lui-même de la plaie le fer meurtrier.

Au cri du Prince, la duchesse s'était déjà élancée hors de la voiture, et elle soutenait dans ses faibles bras son époux chancelant dont le sang coulait en abondance et rejaillissoit jusque sur elle. Le Prince fut porté à l'instant dans la salle de l'administration de l'Opéra, où l'on dressa à la hâte une espèce de lit de camp, formé de banquettes et de matelas appartenans à l'établissement (1). On

(1) Débarqué à Cherbourg, en 1814, S. A. R. Monseigneur le duc de Berri embrassa le premier Français qu'il rencontra, en criant: *France.* Ce Français était M. Grandsire, alors garde-magasin de la marine. Le Prince alla loger chez le Préfet maritime, M. le baron de Molini; mais comme M. le Préfet n'avoit point assez de meubles pour recevoir, comme il le devait, Monseigneur le duc de Berri, il pria

courut chercher du secours; quelques hommes de l'art qui habitent dans le voisinage furent bientôt auprès du prince, leurs noms doivent être recommandés à la reconnaissance publique; ce sont les docteurs Bougon, Blancheton, Thérin, Lacroix, Caseneuve et Drogart. Ce furent eux qui administrèrent les premiers soins; les docteurs Dupuytren, Dubois et Roux arrivèrent ensuite; on avait été les chercher à leur domicile, qui est éloigné de l'Opéra.

Après avoir consommé son forfait, l'assassin avait cherché à s'évader. Poursuivi par les cris des témoins de son crime, il était déjà parvenu à tourner la

---

M. Grandsire, à qui il venait d'en arriver, de les lui prêter, et en garnit l'appartement du Prince. M. Grandsire est aujourd'hui secrétaire-général de l'Académie Royale de Musique; et, par un hasard singulier, il a eu le triste avantage d'offrir au Prince mourant, les mêmes matelats sur lesquels il avoit couché à Cherbourg, et d'embrasser, après sa mort, l'homme généreux qui l'avait pressé contre son cœur en rentrant sur le sol de sa patrie.

rue de Richelieu, et à gagner l'arcade Colbert ; c'est là qu'il fut atteint par M. le comte César de Choiseul et par M. le comte de Clermont, aide de camp du prince, qui, secondés par un garçon limonadier du café de l'Opéra, accouru au bruit, s'emparèrent de lui, et le traînèrent au corps de garde établi sous le vestibule de la salle. Là, M. le comte de Clermont lui adressant le premier la parole, et dit :

» Monstre, qui a pu te porter à com-
» mettre un pareil attentat ? »

« J'ai voulu délivrer la France de ses
» plus cruels ennemis. »

« Par qui as-tu été payé pour te rendre
» coupable d'un tel crime ? »

L'assassin, avec beaucoup d'arrogance :

« Je n'ai été payé par personne. » Il fut fouillé par la gendarmerie ; on trouva sur lui la gaîne du poignard dont il s'était servi, et un autre poignard à quatre pans également tranchans et très-aigus.

Cependant MONSIEUR était déjà auprès du lit de son malheureux fils, et nous n'avons pas besoin de décrire ce que cette scène eut de déchirant ; quelques minutes après arrivèrent MADAME et Monseigneur le duc d'Angoulême. Monseigneur le duc et Madame la duchesse d'Orléans, qui assistaient au spectacle, s'étaient empressés de s'y rendre, et ils furent suivis de Monseigneur le duc de Bourbon, pour qui le spectacle qu'il avait sous les yeux ne fut pas moins pénible que les affreux souvenirs qu'il lui retraçait.

Dès que Monseigneur le duc de Berri fut étendu sur son lit de douleur, ses premières paroles furent celles-ci :

Ma fille, et M. l'évêque d'Amyclée !

On s'empressa d'exécuter ses intentions ; on apporta l'enfant royale, encore trop jeune pour sentir son malheur, et le vertueux prélat accourut pour remplir auprès du prince les tristes et consolantes fonctions de son ministère.

Les secours de l'art, dirigés et appliqués par les plus célèbres praticiens, avaient d'abord apporté quelque adoucissement aux douleurs du prince ; les saignées à l'un des bras et aux deux pieds avaient eu du succès ; à l'aide de ventouses, on avait extrait de l'intérieur de la poitrine plusieurs verres de sang qui y était épanché. La plaie extérieure débridée laissait un libre passage à l'écoulement du sang. Vains efforts ! le mal était au-dessus de toutes les ressources ; et le Prince en était lui-même si convaincu, qu'il répéta plusieurs fois au docteur Dupuytren :

» Je suis bien touché de vos soins ; » mais ils ne sauraient prolonger mon » existance : ma blessure est mortelle. »

Dans cette persuasion, le digne fils de saint Louis tourna alors toutes ses pensées vers la religion, qui seule pouvait lui donner l'espérance de se réunir quelques heures après au plus saint de ses aïeux. Après avoir écouté les paroles du ministre sacré, le duc de Berri confessa à haute voix, en présence de sa Famille et de tous les assistans, les fautes dont il se reconnaissait coupable ; il fit cette confession avec autant de simplicité que de résignation, et il demanda pardon à Dieu de ses offenses, aux hommes de celles de ses actions qui auroient pu les scandaliser. M. le curé de Saint-Roch, qui survint, lui administra les sacremens de l'Eglise.

Après avoir ainsi satisfait aux devoirs de la religion, le duc de Berri crut pouvoir s'occuper plus particulièrement des objets de ses plus chères affections. Il embrassa sa fille et lui donna sa bénédiction. MONSIEUR, MADAME, Monseigneur le duc d'Angoulême à genoux au pied du lit de son fils et de leur frère, ont passé toute cette nuit terrible dans les larmes et dans les prières, demandant au ciel d'adoucir les maux du Prince, et formant pour sa conservation des vœux qui ne devaient pas, qui ne pouvaient plus, hélas! être exaucés. Vingt fois leurs prières ont été interrompues par les paroles du Prince, qui, au milieu des plus cruelles souffrances, ne cessoit de demander la grâce de son assassin.

Sur les cinq heures et demie, le Roi, que l'on avait cru ne devoir avertir que lorsqu'il ne restait plus aucune lueur d'espérance, arriva. Quel moment pour le monarque! Déjà les symptômes étaient devenus plus graves; la difficulté de respirer et la douleur étaient au comble. Cependant, à la vue du Roi, le duc de Berri sembla retrouver de nouvelles forces, et il employa ses derniers momens à solliciter de nouveau en faveur de Louvel, la remise de la condamnation capitale.

« Sire, disait-il d'une voix déjà expi-
» rante, Sire, grâce pour *l'homme* qui
» m'a frappé!...... Grâce pour *l'homme*!

» (C'est toujours ainsi qu'il a eu la gé-
» nérosité de le nommer.) Sans doute,
» c'est quelqu'un que j'aurai offensé sans
» le vouloir. »

Le Roi répondit avec l'accent de la plus profonde affliction :

« Mon fils, vous survivrez, je l'es-
» père, à ce cruel événement ; nous en
» reparlerons : la chose est importante,
» et vaut la peine d'être examinée à
» plusieurs fois. »

Les médecins qui voyaient de minute en minute approcher le moment fatal, pressaient, avec les plus vives instances, S. M. de s'épargner la vue du spectacle douloureux qui se préparait :

» Je ne crains pas le spectacle de la
» mort, a répondu le Roi. J'ai un der-
» nier soin à rendre à mon fils. »

Ce fut dans cet instant que le prince expira. Le Roi, prenant alors le bras de M. Dupuytren, s'approcha du lit, ferma les paupières de son neveu, et lui adressa un dernier adieu. A cette vue, les sanglots redoublèrent, et les gémissemens qui retentirent avec une nouvelle force, franchirent l'enceinte de la salle, et annoncèrent au peuple, assemblé en foule sous les fenêtres, qu'il avait un ami, un père, un protecteur de moins; que le duc de Berri avait vécu.

L'heure à laquelle le crime avait été consommé n'avait pas permis qu'il fût connu avant le jour d'une grande partie des habitans de la capitale. Cependant, dès sept heures, plusieurs groupes nombreux étaient formés dans tous les lieux voisins du château et de la rue de Richelieu; on commençait à parler du crime; l'expression de l'indignation et de la douleur était encore moins vive que celle de l'inquiétude. Mais la sinistre nouvelle ne tarda pas à se répandre; et alors tous les doutes étant dissipés, ce ne fut plus qu'un concert de gémissemens. Le peuple, abandonné à lui-même, est bon. Libre de suggestions étrangères, le Français est sensible; il est humain. Un assassinat est un crime si lâche! commis sur un Bourbon, les conséquences en sont si effroyables! Quel est le principe de l'attentat? quels en seront les fruits? où le terme en sera-t-il fixé? Que d'idées, de souvenirs, de parallèles affreux! Eh quoi! le meurtre de Louis XVI, l'empoisonnement de Louis XVII, l'assassinat du duc d'Enghien, n'ont pu assouvir la soif des monstres altérés du sang des

Bourbons ! Il leur faut une nouvelle victime ! Les qualités brillantes, le courage chevaleresque, les habitudes françaises et belliqueuses du duc de Berri, tout, jusqu'à son âge, est un sujet de soupçons et d'ombrage, tout devient un prétexte à une vengeance attroce; il est promis à la mort, et un scélérat fanatique se dévoue pour exécuter cet horrible attentat ! O malheureuse France ! ô ma Patrie ! verras-tu toujours le crime acharné à tes destinées !....

Prince infortuné ! vous pensiez bien à tort que ce forfait abominable étoit l'ouvrage *de quelqu'un que vous auriez offensé sans le vouloir !* Il a pris soin de lever lui-même vos scrupules; il a déclaré la pensée infernale qui lui a fait lever le poignard sur votre personne sacrée. On vient de voir ce qu'il avait répondu aux interpellations extra-judiciaires de M. le comte de Clermont. Transporté dans une des pièces voisines de celle où était étendue sa victime, il a été interrogé dans les formes légales par M. le comte Decazes, par M. le comte Anglès et par M. le procureur-général, en présence de M. le baron Pasquier, et de M. le comte Siméon. Voici le précis de ce nouvel interrogatoire, qui n'est qu'une confirmation et un développement du premier :

Demande. Qui vous a porté au crime que vous venez de commettre ?

Réponse. Mes opinions, mes sentimens.

D. Quelles sont ces opinions, ces sentimens ?

R. Mes opinions sont que les Bourbons sont des *tyrans et les plus cruels ennemis de la France.*

D. Pourquoi, dans cette supposition, vous êtes-vous attaqué de préférence à Monseigneur le duc de Berry ?

R. Parce que c'est le Prince le plus jeune de la Famille royale, et celui qui semble destiné à perpétuer cette race ennemie de la France.

D. Avez-vous quelque repentir de votre action ?

R. Aucun.

D. Avez-vous quelque instigateur, quelque complice ?

R. Aucun.

Tel est le sommaire de cet interrogatoire : il démontre jusqu'à l'évidence que l'assassin n'avait aucune raison de vengeance personnelle, et qu'il a agi sous la même inspiration que celle qui poussa

Ravaillac à l'assassinat de Henri IV, et Damien à l'assassinat de Louis XV, c'est-à-dire sous l'inspiration d'un esprit de parti poussé jusqu'au délire et à l'exaltation la plus furieuse.

A sept heures et demie, le corps du Prince fut conduit au Louvre, comme autrefois celui de Henri IV après l'attentat de la rue de la Féronnerie. Il fut déposé dans une des pièces de l'appartement de M. d'Autichamp, gouverneur du palais. Dès cet instant, les gardes du corps de Monsieur prirent le service intérieur de ce gouvernement, et la circulation fut interdite. On prépara dans les pièces donnant sur la rivière, en face du pont des Arts, une chapelle ardente où le corps fut exposé jusqu'au moment marqué par le Roi pour la sépulture dans les tombes royales de Saint-Denis.

La consternation continua à régner dans la capitale; les jours consacrés par l'usage à des plaisirs tumultueux, et aux excès de la gaîté populaire, ont été des jours de deuil; il n'y eut d'affluence qu'aux portes du palais où furent exposés les restes mortels du duc de Berri, et cette immense cité retraçât depuis lundi, le même tableau que Rome offrit autrefois, lorsque le silence de la douleur générale sembla en faire une espèce de solitude, et prolonger la durée du jour où furent rapportées dans son enceinte les froides reliques d'un jeune prince, objet de son amour, et l'héritier de l'Empire.

Nous allons revenir sur les derniers momens du Prince, et faire connaître de nouveaux détails, qui mettront de plus en plus en évidence, et les excellentes qualités de la victime que nous regrettons, et les vertus de son auguste et malheureuse famille, et les véritables motifs qui ont armé, qui ont conduit le bras de l'exécrable assassin.

Nous n'avons pu que peindre bien imparfaitement, dans l'esquisse rapide que nous venons de tracer, l'état de madame la duchesse de Berri pendant les longues souffrances de son époux. Il est, suivant la belle expression de M. Bossuet, des douleurs ineffables dont on affaiblit l'idée en essayant de les retracer. Dans un de ces momens où partagée entre le desir de les adoucir par ses soins affectueux, et l'idée cruelle de leur impuissance, elle paraissait prête à s'abandonner à son désespoir, le Prince, la regardant avec attendrissement, la conjura *de se ménager pour l'enfant qu'elle portait dans son sein*. Cette circonstance n'était encore que soupçonnée ; la parole qui en confirme la réalité, laisse au moins à la France l'espoir d'une consolation, incertaine, il est vrai, mais qu'elle saisira avec autant de confiance que d'empressement. Non, la Providence, qui a fait sortir la Maison de Bourbon d'un faible rejeton échappé aux ruines de la famille de Louis XIV, veillera sur ce dépôt précieux, seul et dernier gage de la conservation de cette même famille, et de la succession légitime et directe dans la branche aînée des enfans de saint Louis.

Lorsque le Prince donna à sa fille sa bénédiction paternelle, il lui dit, en lui imposant pour la dernière fois ses mains défaillantes :

« Pauvre enfant! je souhaite que tu
» sois moins malheureuse que ceux de
» ma famille!. »

Un jeune homme toucha le sang qui coulait de la blessure :

« Que faites-vous ? lui dit le Prince,
» en le repoussant avec douceur; ma
» blessure est peut-être empoisonnée. »

Dans un autre moment, on entendit le Prince dire, avec une émotion profonde :

« Qu'il est cruel pour moi de mourir
« de la main d'un Français ! Ah ! pour-
» quoi n'ai-je pas trouvé la mort dans
» les combats ? »

Quelques instans avant que le Roi n'eût ordonné à la duchesse de se retirer, et lorsque le Prince, sentant approcher sa fin, témoignait à sa femme le repentir de quelques erreurs passagères, et des chagrins qu'elles avaient pu lui occasionner :

» Ah ! s'écria-t-elle en fondant en
» larmes, je le savois bien que cette belle
» âme était créée pour le ciel, et qu'elle
» y retournerait !

Alors le Prince lui dit d'une voix déjà éteinte :

« Pour mourir heureux, il faut que
» je meure dans tes bras, chère Caro-
» line ! »

Ce furent les dernières paroles d'une dernière entrevue. Sur un ordre du Roi, la duchesse fut entraînée, plutôt que conduite dans un appartement voisin.

Quelques instans auparavant, cet excellent Prince avait fait des dispositions verbales en faveur de plusieurs personnes qu'il affectionnait tendrement, et les avait recommandées à la bonté du Roi et à la justice bienveillante de son père et de sa femme. Il demanda à voir M. le comte de Nautouillet qui, depuis trente ans, est le premier officier de sa maison. En le voyant entrer, le Prince lui dit :

« Venez, mon vieil ami, que je vous
» embrasser avant de mourir. »

M. de Nautouillet n'a répondu qu'en se jetant aux pieds du Prince, et en les baignant de ses larmes.

En quittant le Roi, la Princesse lui dit avec l'accent du désespoir :

» Sire, je demande à V. M. la per-
» mission de me retirer auprès de mon
» père ; je ne pourrais jamais habiter la
» contrée où je perds mon mari par un
» crime aussi atroce. »

Rentrée dans ses appartemens, madame la duchesse de Berri a passé devant une glace, et frappée du désordre de sa belle chevelure :

» Hélas! s'est-elle écriée avec l'accent
» de la douleur la plus déchirante, voilà

» la chevelure que ce pauvre Charles « aimait tant ! » Et à l'instant elle les coupe de ses propres mains.

Quelle que soit l'affliction de madame la duchesse de Berri, cette pieuse et magnanime Princesse n'a pas eu de peine à comprendre qu'il lui restait des devoirs à remplir. Chrétienne, déjà mère une fois, appelée à le devenir encore, son courage a été aussi grand, plus grand que la douleur ; un calme religieux a succédé aux premiers élans de son désespoir ; dès lundi soir, elle se retira au château de Saint-Cloud, accompagnée de MADAME, qui n'a cessé de lui prodiguer les soins affectueux de la plus tendre sœur comme de la meilleure amie. Là, madame la duchesse de Berri, sans cesse prosternée dans son oratoire, prie, invoque le ciel, d'où son époux semble lui sourire et l'entendre, et demande à la religion des forces que les consolations humaines ne pourraient lui donner. Une personne l'a entrevue au moment où elle montait en voiture pour se rendre à Saint-Cloud : elle était enveloppée dans un voile de crêpe noir. Depuis ce temps, inaccessible à tous, excepté aux membres de sa famille qui sont venus pleurer avec elle, la duchesse ne s'entretient qu'avec Dieu.

Princesse infortunée, s'il était permis de vous présenter quelque adoucissement à des infortunes inouies, peut-être oserions nous vous offrir, comme une faible compensation, ces témoignages d'amour et de regrets dont un deuil universel entoure votre veuvage, et surtout ce rayon de joie qu'a fait briller dans les ombres de la douleur l'espoir de voir renaître par vous un noble rejeton destiné à nous rendre celui dont nous déplorons la perte. Ce dédommagement vous est dû, et le Dieu protecteur des Bourbons vous l'accordera. Oui, nous en embrassons avec avidité la consolante idée ; un enfant naîtra de vous, qui effacera les dernières traces de tant de fureurs et tant de crimes : il sera le gage de notre réconciliation avec le Ciel, et sa naissance marquera le terme de vos malheurs et de nos calamités publiques !

Faut-il que, par l'inévitable enchaînement des faits, nous nous trouvions obligés de redescendre des plus augustes victimes au misérable auteur de leur maux? Il le faut néanmoins. Surmontons la répugnance que nous éprouvons à tracer son exécrable nom, à répéter ses paroles, à redire ses blasphêmes. Rien ne doit rester inconnu de ce qui peut jeter du jour sur les véritables causes de l'assassinat du duc de Berry.

A peine Louis-Pierre Louvel eût-il été conduit dans la pièce où il subit son premier interrogatoire, qu'une porte d'un corridor assez éloigné fut fermée avec force, et le bruit sourd et prolongé qui en résulta fit tressaillir l'assassin et excita sur sa figure naturellement froide et immobile une impression telle, que les spectateurs crurent y démêler moins de surprise que de satisfaction.

» Je crois, s'écria-t-il brusquement, » que j'entends le canon. »

Quel sens Louvel attachait-il à ces paroles ? L'instruction du procès donnera peut-être le mot de l'énigme singulière qui prête à diverses interprétations, dont la plus simple est probablement la plus vraie, surtout lorsqu'on la rapproche d'un autre mot qui lui échappa peu de temps après. On voulut lui persuader qu'il avait manqué son coup :

« Oh ! répondit-il, je suis bien tran- » quille ; il mourra avant moi ; et si vous » voulez que je meure, faites-moi exé-

» cuter avant les vingt-quatre heures ;
» *vous ne savez pas ce qui peut arriver.* »

On lui demande s'il était Français ; voici sa réponse à cette question :

« Ne voyez-vous pas à ma figure que » je suis *un bon Français.* »

Nous avons donné le sommaire du premier interrogatoire de Louvel. Voici le précis de celui qu'il a subi en présence du corps de la victime, de M. le comte Anglès, magistrat interrogateur, de M. Jacquinot de Pampelune, procureur du Roi, de MM. Bourguignon, Mars, et de plusieurs autres membres du parquet.

D. Reconnaissez-vous le Prince que vous avez assassiné ?

R. Je le reconnais.

D. Je vous somme encore une fois de révéler le nom de vos complices ?

R. Je n'en ai pas.

D. Si la justice des hommes ne peut vous engager à dire la vérité, songez à la justice de Dieu ?

R. Dieu n'est qu'un mot, il n'est jamais venu sur la terre.

D. Qui a pu vous porter à commettre une action si criminelle ?

R. J'aurais voulu me retenir que je n'aurais pas pu.

D. Quel a été votre motif ?

R. Cela servira de leçon aux grands de mon pays.

D. Persistez-vous à dire que personne ne vous a inspiré d'idée de ce crime ?

R. Oui ; mais au reste la justice est là ; qu'elle fasse son devoir, et qu'elle découvre ceux qu'elle présume être mes complices.

Le lendemain du jour où fut commis ce crime affreux qui a jeté dans la consternation toute la France, une scène vraiment touchante se passa aux Tuileries. Monseigneur le duc de Bourbon était venu apporter quelques consolations aux douleurs qui déchirent le noble cœur de Monsieur. En vain plusieurs personnes conjurèrent Monseigneur le duc de Bourbon de retarder une entrevue si triste, et qui allait rouvrir les plaies encore mal fermées de son cœur. « Non, » répondit le Prince, puisque je vis en- » core, je dois profiter des jours que la » Providence m'a laissés pour aider mon » cousin à supporter un malheur que j'ai » moi-même éprouvé. » Lorsqu'on ouvrit les portes de l'appartement de Monsieur, Monseigneur le duc de Bourbon ne put résister aux sentimens douloureux qui se pressèrent dans son âme, ses forces l'abandonnèrent. MONSIEUR se précipita aussitôt pour le soutenir, et ces deux pères infortunés restèrent longtemps enlacés dans les bras de l'un et de l'autre.

Ainsi fût ravi en un instant à la France, l'espoir de la royale tige des Bourbons; ainsi périt, à la fleur de son âge, un prince dont les vertus étaient dignes d'un meilleur sort. Jamais S. A. R. le duc de Berri ne ferma l'oreille aux cris de l'infortune suppliante : toujours le bienfait à la main il prévenait les demandes, et ceux qui avaient recours à lui voyaient adoucir leur malheur par sa générosité. Qu'on se rappelle l'incendie de l'attelier des Messageries (il était alors à l'Opéra). A la première nouvelle qu'il en reçut, il part, et bientôt on le vit au milieu des travailleurs, les encourageant, promettant des récompenses, et ne quitter le lieu de l'incendie que lorsqu'il n'y eut plus de danger et que tous les secours eussent été établis. Tel était le caractère généreux du Prince : comme son aïeul Henri IV, dont il avait le courage et la vivacité, sa vie entière fut une continuité de bienfaits.... Un monstre nous l'a ravi. Le scélérat n'a pu être retenu par aucune des vertus de sa victime ; il a osé de sang-froid percer un si noble cœur, sanctuaire de toutes les brillantes qualités qui honorent l'humanité, et plonger dans le deuil et l'affliction une famille chérie à justes titres de l'Europe entière. Enfin, l'on peut dire que cet attroce assassin l'a plongé vivant dans la nuit des tombeaux....

Lorsque cet attentat horrible enlève à la France un prince que les qualités de son cœur rendirent si cher à tous ceux qui eurent avec lui quelques relations, ou qui eurent occasion de l'approcher, on recueille avec empressement et l'on aime à raconter les nombreux traits de cette bonté qui l'a surtout caractérisé. Aucune particularité n'est indifférente, chaque détail est précieux, tous sont publiés et accueillis du public avec plaisir. Nous croyons bien mériter de nos lecteurs accréditant auprès d'eux quelques-uns des faits qui sont à notre connaissance, et qui peuvent contribuer à faire mieux connaître et à faire apprécier avec justice l'humanité et l'affabilité de cet infortuné Prince. Nous citerons les faits suivans :

Son Altesse royale se rendait, il y a quelque temps, à Bagatelle. Traversant le bois de Boulogne dans un cabriolet où elle était seule, elle rencontra sur son chemin un enfant chargé d'un panier dont le poids paraissait excéder ses forces. Elle arrête sa voiture, questionne le petit paysan qui lui dit : Mon père m'envoie à la Muette, porter ce panier qu'on attend. — Mais il paraît bien lourd ce panier, il te fatigue. — Dam' sans doute, mon bon Monsieur, mais c'est égal. — Donne-le-moi, reprend le Prince, je le remettrai en passant. — Vous êtes bien bon, ce n'est pas de refus ; et là-dessus le duc fait mettre le panier dans son cabriolet, touche vers la Muette, remet à sa destination l'objet de la commission du jeune paysan, revient sur ses pas, et descendant chez le père de l'enfant, lui dit :

J'ai rencontré tantôt ton fils, il ployait sous le faix dont tu l'avais chargé ; je l'ai aidé, son panier a été remis tout-à-l'heure. Une autre fois, épargne-lui tant de peines, des fardeaux si lourds fatigueraient et altéreraient sa santé, tu l'empêcherais de grandir. Viens, achète-lui un âne qui lui servira de monture, et qui portera les paniers que tu auras à faire transporter. Après avoir ainsi parlé, son Altesse donne sa bourse au campagnard, remonte en cabriolet, et reprend la route de Bagatelle.

Le duc de Berri étant à l'armée de Condé, commandait un corps de gentilshommes. Aimé de ses soldats, il savait tenir sévèrement la discipline, qui est l'âme des armées. Un jour il lui arrive de reprendre trop vivement un officier de distinction. Bientôt sentant sa faute, il le prend à l'écart, et lui dit : « Mon » intention n'a point été d'insulter un » homme d'honneur ; ici je ne suis point » un Prince, je ne suis comme vous qu'un » gentilhomme français. Si vous exigez » réparation, je suis prêt à vous donner » toutes celles que vous désirerez. »

— Lorsqu'il débarqua le 13 avril 1814, à Cherbourg à peine eût-il touché le sol Français, qu'il se vit entouré de magistrats, d'officiers et de citoyens, dont les félicitations leur valurent cette réponse accompagnée de larmes : « Cher » France ! en la revoyant mon cœur est » plein des plus doux sentimens. Nous ne

» rapportons que l'oubli du passé, la » paix et le désir du bonheur de la nation. »

— S'étant rendu le lendemain de Cherbourg à Bayeux, trop fortement ému par le touchant accueil qu'il recevait, l'heureux prince ne repondait aux acclamations que par ces mots : « Vivent » les bons Normands. » Parmi les nombreuses personnes dont la foule l'environnait, une se présenta qui avait servi sous ses ordres. — « Serais-je assez heu- » reux, Monseigneur, pour être reconnu » de V. A. R.? — Si je vous reconnais, » mon cher L***, lui répondit le prin- » ce, en s'approchant de lui, et en » écartant ses cheveux : ne portez-vous » pas sur le front la cicatrice d'une bles- » sure que vous reçûtes à la bataille » de ***. » Le duc signala son séjour dans le chef-lieu du Calvados, en accordant la liberté à des prisonniers détenus depuis deux ans, pour une révolte causée par la disette; et ces malheureux bénirent, du fond de leurs cœurs, l'auguste prince qui venait de briser leurs fers.

— Le 22, il entra dans la capitale par la barrière de Clichy : « Messieurs, répon- » dit-il, aux harangues du corps munici-

» pal et des chefs de l'armée, mon cœur
» est trop ému pour exprimer les senti-
» mens qui m'agitent, en me voyant au
» milieu des Français et de cette bonne
» ville de Paris, entouré de la gloire de
» la France, nous y venons apporter le
» bonheur; ce sera notre occupation
» constante, jusqu'à notre dernier sou-
» pir. Nos cœurs n'ont jamais cessé d'ê-
» tre Français et sont pleins de ces sen-
» timens, qui sont le caractère de notre
» nation : *Vive les Français !*

Arrivé au château des Tuileries, S. A. R. se tourne avec vivacité vers les Maréchaux qui l'entourent, se jette dans leurs bras, les serre fortement, et leur dit avec âme : « Permettez que je vous
» embrasse, et que je vous fasse partager
» tous mes sentimens. »

— Attentif à gagner le cœur des braves, il s'occupa sans cesse de visiter leurs casernes, leurs hôpitaux; et cet hôtel, asile de l'honneur et du courage, qui fut fondé par son aïeul, Louis-le-Grand. Les arts et les manufactures eurent aussi en lui un protecteur généreux et éclairé, qui les encourageait et les récompensait avec la plus grande générosité.

— Combien de mots heureux n'a-t'on pas recueillis de la bouche d'un Prince qui aimait la patrie autant qu'il chérissait la gloire! « Nous commençons à » nous connaître, dit-il un jour au général Maison; quand nous aurons fait » quelques campagnes ensemble nous » nous connaîtrons mieux. »

— Assistant à l'un des banquets que la garde nationale donna dans les jardins de Tivoli, ce prince s'était réservé de porter un toast en l'honneur de la milice citoyenne. Se voyant prévenu par le duc de Grammont : « Vous me » l'avez volé, s'écria-t-il? mais je vais » en porter un qui est dans le cœur de » tous les Bourbons : A la prospérité de » la France! »

— Passant en revue, à Versailles, un régiment qui témoignait encore le regret de ne plus combattre avec Napoléon: « Que faisait-il donc de si merveilleux, » leur demanda le duc? Il nous menait » à la victoire, répondent les soldats? » Je le crois bien, répliqua vivement » le Prince; cela était bien difficile, » avec des hommes tels que vous. »

Ces différens traits de bonté, ne peuvent qu'augmenter les regrets que cause la perte d'un prince, qui nous rappelait si bien les précieuses qualités d'Henri IV. Que n'avait-on pas à attendre de lui, si une mort aussi prématurée ne l'eût enlevé à la France !....

Parmi les nombreuses pièces de vers que ce funeste événement a inspirées, quoiqu'elles offrent toutes l'expression de la vive douleur qui les a dictées, nous avons choisi celle qui parut la première, parce que son auteur, M. Désaugiers, y a rassemblé en peu de stances, toutes les qualités du duc de Berri, et s'est pour ainsi dire fait l'interprète des sentimens de la France entière.

STANCES

Sur la mort de S. A. R. Monseigneur le duc de BERRY.

Berri n'est plus ! Sous un bras sanguinaire
Il est tombé, ce Prince généreux.
France, revêts ta robe funéraire !
Ciel, couvre-toi d'un voile ténébreux !....
Berri n'est plus !

Berri n'est plus ! Au récit de ce crime,
L'Europe entière éclate en longs sanglots.....
Et la Mort même, en pleurant sa victime,
Se dit, le front incliné sur sa faux :
Berri n'est plus !

Berri n'est plus ! Le cri de la vengeance
A retenti dans tous les cœurs français !....
Beaux arts, valeur, gloire, amour, bienfaisance,
Pleurez, pleurez à l'ombre des cyprès !....
Berri n'est plus !

Berri n'est plus ! Celui qui sut combattre,
Récompenser, pardonner et chérir,
Celui qui sut vivre comme Henri Quatre,
Comme Henri Quatre, hélas ! vient de mourir.
Berri n'est plus !

Berri n'est plus ! Mais de sa bien-aimée
Le noble sein recèle un fruit naissant ;
Et dans six mois la France ranimée
Aura cessé de dire en gémissant :
Berri n'est plus !

On ne saurait trop citer la vive douleur qu'occasionna ce malheureux événement ; les traits suivans en sont une nouvelle preuve.

La veille de sa déplorable fin, Monseigneur le duc de Berri avait assisté, avec la princesse, à un bal donné chez M. le comte de Greffulhe, pair de France. On a prétendu que l'infâme Louvel a déclaré qu'il avait d'abord eu le dessein d'exécuter son crime le soir de ce bal.

— Au moment où S. A. R. le duc de Berri fut frappé par son assassin, M. le comte de Clermont-Lodève, celui des gentilshommes d'honneur qui était auprès du Prince, s'écria, avec l'accent de la plus vive douleur : « Puisque j'étais à » côté de Monseigneur le duc de Berri, » puisque le monstre qui l'a frappé ne » voyait ni sa figure ni la mienne, que » ne me prennait-il pour lui !

Mardi 22, une vieille paysanne était placée sur le devant d'un des cabriolets qui vont à Saint-Germain : elle pleurait ; ses vêtemens grossiers, ses mains gercées, les rides profondes de son visage ; tout l'ensemble de cette pauvre femme annonçait de longues souffrances. Un des voyageurs lui demanda le sujet de ses pleurs. — Hélas ! monsieur, j'ai aujourd'hui le chagrin de tout le monde ; je pleure ce bon prince que l'on porte à

Saint-Denis maintenant. — Vous le connaissiez ? — Je le connaissais par le bien qu'il nous faisait. Le prince n'a traversé qu'une ou deux fois notre village ; et je n'ai pas été assez heureuse pour le voir ! —Et comment vous trouvez-vous à Paris, dans ce jour de deuil ? — C'est justement pour cela, monsieur, que j'y suis venue ; j'ai voulu assister aux derniers devoirs qu'on lui rendait ; je me suis placée aussi près du Louvre que j'ai pu ; j'ai vu tout le cortège, et je souffre moins. Et mon pauvre mari serait bien venu aussi, lui ; mais la nouvelle de la mort de ce bon prince lui a fait tant de mal, qu'il n'a plus la force de se tenir.—D'où êtes-vous ? — De la Celle, monsieur.— Votre mari était-il au service du prince? — Non, monsieur, mon mari est trop vieux pour travailler, et mes deux garçons que nous avions rachetés deux fois en vendant tout notre petit bien, n'en ont pas moins été pris dans le temps ; on les a envoyés à la grande armée, en Russie, je crois, et nous n'en avons jamais plus entendu parler.... pauvres enfans ! — Vous n'avez plus d'enfans ? — Si fait, monsieur, il nons reste une fille ; elle est employée comme ouvrière dans la maison du prince : c'est par elle qu'il a su combien nous étions malheureux, et aussitôt le prince nous a envoyé des secours, et tout l'hiver notre petite est venue nous voir, nous apportant chaque fois un peu d'argent que le prince lui faisait donner pour nous ; et puis, M. le maire a eu l'ordre de nous donner, dans ces grands froids, du bois, des couvertures, et un pain de quatre livres tous les jours, et les autres pauvres de la commune ont reçu tout cela aussi..... Quel cœur ! Il avait bien ses vivacités ; oh ça oui, mais comme il était bon ! comme il aimait à faire du bien ! Tenez, monsieur, nous sommes bien à plaindre à présent ; mais il faut plaindre encore plus cette pauvre princesse, qui est aussi charitable que lui, et le Roi, et *Monsieur*, et tout le monde, car un tel prince eût fait un bon roi..... Ah ! monsieur, les pauvres vont être bien malheureux !.... » Et la pauvre femme se prit encore à pleurer. Aux approches de Marly, elle fit arrêter le cabriolet, descendit avec effort, salua les voyageurs les larmes aux yeux, et, appuyée sur un petit bâton, elle prît le chemin de traverse qui mène à Celle, en répétant :

« Que les pauvres vont être malheureux!

Les voyageurs attendris la suivirent long-temps des yeux : long-temps le souvenir de cette oraison funèbre, rapportée ici fidèlement, restera gravée dans leur cœur : pauvre femme! heureux prince! se disaient-ils..... Les habiles orateurs qui se préparent à célébrer, du haut de la chaire évangélique, les vertus de la royale victime ne sauraient se montrer plus éloquens que ne l'étaient les pleurs et le langage naïf de la vieille paysanne de la Celle.

— Voici les détails que nous avons recueillis sur l'exécrable assassin.

Louvel est âgé d'environ trente-six ans; sa taille est au-dessous de la moyenne; sa figure n'est pas aussi repoussante qu'on l'avait dit d'abord; ses traits sont communs sans être matériels; il a les yeux gris, et non pas noirs; son esprit n'est pas orné; cependant il annonce par ses discours une sorte d'éducation qu'il est rare de rencontrer chez les hommes nés dans la dernière classe de la société. Il s'énonce facilement, et fait dans ses réponses les fautes que font ordinairement les gens du peuple. Louvel n'a jamais été militaire : il a été pendant un an attaché à l'armée française en qualité d'ouvrier sellier : il a assisté à la bataille d'Austerlitz, et quelque temps après il est revenu en France. Il déclare avoir, depuis l'époque de la première restauration, conçu le monstrueux projet qu'il a si malheureusement mis à exécution le 13 de ce mois, c'est-à-dire, plus de cinq ans après. Il fit exécuter par un individu qu'il désigne, et qui demeure à la Rochelle, l'instrument dont il s'est servi, et qu'il commanda à l'ouvrier, disant que c'était un outil propre à la sellerie.

En 1814, il fit le voyage de Calais, dans l'intention d'assassiner le Roi, mais il arriva trois jours après le débarquement de Sa Majesté; et, grâce à cet heureux retard, la France n'eut pas à gémir sur le malheur le plus affreux qui eût pu l'accabler. Depuis ce temps, Louvel renonça à l'attentat qu'il avait eu l'intention de commettre sur la personne de Louis XVIII; sa haîne pour les trois autres princes les plus rapprochés du trône, sembla se corroborer de cette espèce de concession qu'il faisait à sa barbare opinion, il se promit d'approcher tour-à-tour de MONSIEUR, de S. A. R. Monseigneur le duc d'Angoulême, et S. A. R. le duc de Berri, qui devaient tomber sous ses coups.

Pendant l'exil de Bonaparte à l'île d'Elbe, Louvel y fit un voyage pour voir l'homme qui était l'objet de son idolâtrie. Il parvint à le voir, à lui parler. Il revint de l'île d'Elbe plus résolu que jamais à commettre son triple forfait. L'occasion se présenta plusieurs fois, mais il ne put la saisir. Les cent jours changèrent pour un moment sa farouche résolution ; le départ des Bourbons le rendit au bonheur, il respira, mais sa joie féroce fut de courte durée. La seconde restauration fit renaître sa haine, et lui donna une force nouvelle. Depuis le jour de la rentrée du Roi, tout le raffermit dans son odieux projet ; plusieurs fois il épia les démarches des princes ; ses coupables vues se tournèrent enfin contre l'infortuné duc de Berri, et nous ne connaissons que trop la funeste issue de ses criminelles démarches.

Si, dans sa prison, on lui parle de

la douleur du roi et de sa famille, il semble n'être sensible qu'à celle de la jeune princesse, devenue si malheureuse par le trépas de son auguste époux. Encore cette espèce de pitié est-elle calme et féroce. Il dit n'avoir pas dormi avec autant de tranquillité, depuis le jour où son imagination frénétique enfanta son épouvantable dessein, que dans la nuit du mardi au mercredi dernier. Il se complaît dans l'idée de son crime, dont il exalte l'intention. Il parle en pitié de Ravaillac, qu'il regarde comme un misérable fanatique, incapable de concevoir lui-même un projet, et méprisable instrument de gens qui n'osèrent pas commettre eux-mêmes le crime qu'ils avaient préparé!!!

Si on l'interroge sur les complices qu'on lui suppose, il repousse avec une indignation, que son caractère déjà suffisamment connu pourra faire apprécier, une pensée qui semble répugner à son amour-propre; et si, passant d'une simple dénégation à une preuve plus convaincante, il entreprend un raisonnement, il dit qu'il ne peut concevoir l'opiniâtreté de ses interrogateurs, et rejette tout soupçon de complicité en s'appuyant sur cet argument : que ne sachant quand et comment il parviendrait à ses fins, il n'aurait pas été assez imprudent pour mettre dans sa confidence des hommes, de la discrétion desquels rien ne pouvait lui répondre, et qui n'auraient probablement pas résisté à l'appât d'un gain considérable et certain, qui eût été le prix de leur délation.

Il se plaint qu'on ne veuille pas lui permettre de se couper la barbe, qu'il avait l'habitude de se faire deux fois par semaine. Il comprend la raison qui porte ses gardiens à lui refuser un rasoir, et les désabuse sur l'opinion où ils peuvent être qu'il voudrait attenter à sa vie. Il regarderait comme une faiblesse un suicide qui le priverait d'un supplice, que le point d'honneur, de la manière dont il l'entend, rend glorieux pour lui.

Interrogé sur les moyens qu'il employait pour se procurer l'argent nécessaire aux voyages qu'il a faits, il répond, qu'économe par habitude, il dépensait fort peu; que, sobre par raison, vingt sous suffisaient pour sa nourriture journalière, et que, comme il gagnait beaucoup davantage, il a pu amasser les sommes dont il avait besoin.

Sa sobriété paraît être aussi l'effet d'un calcul ; il semble s'être mis en garde contre toute intempérance, dans la crainte que, dans un accès d'ivresse, ou dans une indisposition, résultat d'un excès de nourriture, son fatal secret ne vînt à lui échapper.

C'est encore par un calcul semblable qu'il vivait éloigné de toute société. Farouche, inquiet, silencieux, il évitait les lieux publics, ou, s'il les fréquentait quelquefois, il se tenait toujours dans la plus grande réserve, et ne communiquait que rarement avec les personnes qu'il y rencontrait. Redoutant qu'une longue intimité ne laissât à une maîtresse le pouvoir de pénétrer dans son âme, et d'y découvrir l'horrible secret qu'il avait tant d'intérêt à cacher; incapable, d'ailleurs, d'éprouver aucun de ces sentimens doux et affectueux que donne un amour réciproque, il ne s'attacha particulièrement à aucune femme.

Quand on a parlé à Louvel de différens articles de journaux qui rapportaient certaines particularités de sa vie, ou de son arrestation, il a donné les renseignemens les plus exacts, et, repoussant la perfide insinuation qu'un journaliste publiait le lendemain de l'assassinat, contre M. Decazes, qui, disait-il, avait parlé seul et à l'oreille du meurtrier de S. A R.; il déclare, qu'en effet, le président des ministres s'approcha de lui en pleurant, et que pour obtenir une réponse qui, si elle eût été affirmative, aurait aussitôt et très-imprudemment appris à sa victime quel sort lui était réservé, il lui demanda si le fer était empoisonné. Ce fut la seule question que, dans cette circonstance, lui adressa M. Decazes.

Il est faux, ainsi que l'ont annoncé quelques feuilles publiques, qu'on ait trouvé chez Louvel le Contrat Social, et un extrait, écrit de sa main, des différentes brochures ou pamphlets qui ont paru depuis le retour des Bourbons.

Le seul papier important qu'on y ait trouvé, est un exemplaire de la Charte, sans annotations aucunes, quoiqu'en aient dit certaines gens.

Nous allons rapporter les différens discours des premiers corps de l'Etat, lorsque, admis auprès de Sa Majesté, ils allèrent déposer aux pieds du trône l'expression de leur vive douleur et celle de leur dévouement sans borne à l'auguste dynastie des Bourbons.

La grande députation de la chambre des Pairs, à laquelle s'étaient joints presque tous les membres, s'exprima aussi par l'organe de M. le Chancelier.

« SIRE,

» La Chambre des Pairs délibérait sur une adresse à présenter à Votre Majesté, pour lui exprimer sa profonde douleur, et l'assurer de son empressement à concourir de tout son pouvoir à toutes les mesures que la gravité des circonstances peut exiger, quand elle s'est vue arrêtée par l'ordonnance qui la constitue en cour judiciaire; les fonctions de juges, auxquelles nous sommes appelés, ne nous permettent que le langage de la douleur; mais la Chambre des Pairs vient en corps, autant que les réglemens émanés de votre sagesse le lui permettent, apporter aux pieds du trône l'hommage des sentimens que la France entière partage avec elle. »

Le Roi répondit :

« Je reçois avec sensibilité l'expression des sentimens de la Chambre des Pairs, je suis bien aise de voir qu'elle est disposée à concourir à toutes les mesures que les circonstances rendent si nécessaires et que je proposerai très-prochainement. »

Une grande députation de la Chambre des Députés, composée de vingt-cinq membres, et auxquels s'étaient joints presque tous les Députés, fut reçue par le Roi.

M. Ravez, président, présenta à Sa Majesté l'adresse suivante :

« Sire,

» Nous n'essaierons pas de peindre l'horreur que cause à vos fidèles sujets de la Chambre des Députés, l'attentat qu'a enfanté la dernière nuit. Nous venons mêler notre douleur à la profonde douleur de Votre Majesté. Déjà la consternation répandue dans toute les classes du peuple de cette capitale, exprime l'indignation publique. En voyant qu'une main parricide a porté la mort dans le sein du Prince que nous pleurons, la France formera le vœu de voir resserrer les liens qui unissent votre auguste Maison, sans laquelle ni liberté ni la paix publiques ne peuvent subsister.

» Mais Votre Majesté attend de ses fidèles sujets de la Chambre, plus de force d'âme. Le caractère du crime, les suites qu'il peut avoir, tout nous porte à penser que Votre Majesté veille au salut de son peuple, comme nous veillerons à la conservation de sa dynastie.

» C'est dans l'adversité surtout que les Rois se montrent au-dessus des autres hommes. Persuadés que la grande âme de Votre Majesté surmonte sa douleur pour prévenir les conséquences d'un exécrable forfait, nous sommes prêts à concourir avec autant d'énergie que de dévouement dans l'ordre de nos devoirs constitutionnels aux mesures que la sagesse de Sa Majesté rendra nécessaires en de si graves circonstances. »

Le Roi répondit :

« Je suis profondément touché de la part que la Chambre prend à ma juste douleur. Je vois avec plaisir qu'elle est disposée à concourir à mes vues dans cette grande circonstance. Homme par le cœur, Roi par devoir, elle ne doit pas douter que je ne prenne toutes les mesures propres à préserver la France des dangers dont l'attentat d'aujourd'hui ne m'avertit que trop. »

M. le comte Desèze, M. le baron Seguier et M. Try se sont rendus chez le Roi à la tête des députations de la Cour de Cassation, de la Cour royale et du Tribunal de première Instance.

M. le premier président Séguier adressa à Sa Majesté un discours qui frappa vivement l'auditoire, et que nous pouvons nous flatter de rapporter fidèlement :

« Sire,

» Vous dire que nous sommes Français et pères, c'est vous exprimer combien le coup qui a frappé votre cœur royal, a pénétré profondément dans nos âmes.

» Mais sans plus vous exposer des regrets tardifs et des larmes vaines, nous remplacerons les accens de la plainte par ceux de la vérité.

» Oui, Sire, il existe une conspiration permanente contre les Bourbons, et dans la consternation générale on a vu des joies féroces. Le sang si pur, qui a déjà tant coulé, n'aurait-il qu'irrité la soif? Ah! Sire, veillez sur vous, veillez sur tout ce qui vous entoure; nous vous en conjurons au nom de la société désolée du présent, épouvantée de l'avenir. Daignez songer sans cesse à la conservation de ce qui nous reste d'une race si précieuse, si nécessaire au repos de la France et de l'Europe.

» Si Votre Majesté pensait que les magistrats pussent la servir encore efficacement, rendez-leur des moyens dont l'utilité n'est point oubliée, et quelque dure, quelque périlleuse que devînt leur condition, rien ne les rebutera, rien ne les arrêtera; satisfaits de mettre leur corps au-devant des traits dirigés contre votre Personne sacrée et votre Famille auguste, ils n'auront d'autre pensée que celle du devoir, d'autre ambition que celle de la fidélité, et leur récompense sera dans leurs sacrifices. »

Ce discours, digne des beaux temps

de la magistrature française, fut prononcé avec un accent plein de noblesse et de fermeté ; les personnes qui, en très-grand nombre, environnaient Sa Majesté, en furent émues jusqu'aux larmes.

Le corps municipal de la ville de Paris ayant été admis auprès de Sa Majesté, M. Walckanaer, en l'absence de M. le Préfet de la Seine, malade, eut l'honneur d'adresser la parole au Roi dans les termes suivans :

« Sire,

» Les Magistrats de votre bonne ville de Paris, après avoir eu tant de fois le bonheur de présenter à Votre Majesté le tribut de son respect, de sa reconnaissance, de son amour, viennent remplir un douloureux devoir en lui imprimant sa profonde affliction. S'il existait autre part que dans le ciel des consolations pour de telles douleurs, nous rappellerions à Votre Majesté la consternation gravée dans tous les traits des habitans de cette vaste cité à la nouvelle du coup affreux qui, dans un Prince chéri, a frappé la France entière. Ces regrets déchirans, ce deuil de tous les cœurs, cette indignation générale, prouvent, Sire, combien est vive et sincère l'affliction de votre bonne ville de Paris pour Votre Majesté et pour l'auguste Famille des Bourbons. Par elle seront réparés les maux que le crime a fait peser sur la France, et la sagesse de Votre Majesté saura prévenir ceux qu'il pourrait oser méditer encore. »

Le Roi répondit :

« Je suis bien sensible aux sentimens qui me sont manifestés par ma bonne ville de Paris, il n'y a que l'amour de mes sujets qui puisse apporter quelque soulagement à ma douleur.

Les Ministres du Culte protestant et ceux du Consistoire israëlite adressèrent aussi à Sa Majesté des discours, dans lesquels on trouve les sentimens de la plus vive douleur et l'expression du plus parfait dévoûment à l'auguste Famille, dont chaque Français partage l'affreux malheur qui l'accable.

Enfin, de tous les coins de la France l'unanimité des sentimens n'a point été équivoque, et les nombreuses adresses parvenues aux pieds du trône prouvent, par l'horreur que lui inspire ce crime atroce, que le Français aime et chérit son Roi et la dynastie des Bourbons, et qu'il est prêt à sacrifier sa vie pour défendre celle d'une famille si digne d'être aimée.

Comme nous l'avons rapporté plus haut, le corps de S. A. R. Monseigneur le duc de Berri fut placée dans une chapelle ardente, élevée dans le pavillon du Louvre, qui fait face au pont des Arts. Le cercueil, placé sur une estrade surmontée d'un dais, était décoré des insignes du Prince. Une triple rangée de cierges entourait le sarcophage, et deux héraults d'armes, aussi immobiles que la statue de la douleur, étaient assis au pied. Quatre vastes salles, qui précédaient celle de l'exposition, entièrement drapées de noir, et éclairées par des candelabres antiques, annonçaient l'entrée de ce séjour de deuil et de la mort. Mais ce qui contribuait encore à augmenter la douleur de ceux qui furent admis à rendre leurs devoirs aux dépouilles mortelles du

Prince; c'étoit la statue du bon Henri, assassiné comme lui par un scélérat. Cette statue, placée seule au milieu de la salle dite d'Henri IV, avait son piédestal drapé de noir, et une large écharpe noire couvrait le sein du bon roi.

En entrant dans cette salle, l'âme émue était vivement frappée de ce triste spectacle; il semblait que l'aïeul des Bourbons portait le deuil de l'un de ses petits fils, comme lui victime du plus lâche attentat.

Pendant tout le temps que le Prince fut exposé au Louvre, la foule immense qui s'y portait ne discontinua pas. Les regrets les plus vifs se lisaient sur toutes les figures. L'éloge de la victime était dans toutes les bouches, et s'il était interrompu, c'était pour maudire le monstre qui avait tranché le fil de ses jours. Parvenu à la salle d'Henri IV, un religieux recueillement s'emparait de toutes les âmes, le plus profond silence régnait parmi les spectateurs, en traversant les salles qui précédaient celle où le Prince était placé, et lorsque l'on jetait ses regards sur le cercueil qui le renfermait, des larmes abondantes coulaient alors de tous les yeux, et l'on ne quittait ce séjour de la mort qu'avec un sentiment de tristesse que l'on ne peut décrire. Cette muette douleur est le plus bel éloge que l'on peut faire du Prince. C'était la réunion de tous les regrets, de toutes les pensées; c'était enfin le deuil de toute la France.

Dès la pointe du jour du 22 février, jour où a eu lieu la translation à Saint-Denis des restes mortels de la victime royale, toute la population de Paris se porta sur les quais, dans la rue et le faubourg Saint-Denis, par où devait passer le Cortége; nombre d'habitans se rendirent à la plaine Saint-Denis, ainsi que presque tous ceux des Communes environnantes; de sorte que, depuis le point du départ (le Louvre) jusqu'à Saint-Denis, les deux côtés du chemin étaient bordés d'une foule immense de tout age et de tout sexe; toutes les croisées étaient garnies de monde sur triple rang, et les toits des maisons en étaient remplis. Plusieurs habitans avaient décoré leurs maisons de signes de deuil qui, l'on peut le dire, était générale dans toute la capitale.

Le Cortége passa par le quai de l'Ecole, la place du Châtelet, la rue et le faubourg Saint-Denis. L'ordre le plus parfait présidait à cette marche imposante : elle était ouverte par la Gendarmerie d'élite qui était suivie de l'Etat-major de la Place, et de M. le Commandant-général, comte de Rochechouart ; on remarquait ensuite M. le Maréchal duc de Reggio, entouré de ses aides de camp : il était suivi de treize détachement de la Garde nationale parisienne, qui tous portaient un drapeau noir parsemé de fleurs de lis d'argent et surmonté d'une couronne de cyprès. Une division de la Garde royale, commandée par le général comte Law de Lauriston, de nombreux détachemens d'artillerie, la Légion de la Seine, les Dragons de Berri, les Lanciers du même nom, les Gardes suisses, le corps des Intendans militaires, des Généraux, des Officiers de tous grades, des Chirurgiens-majors et une foule de citoyens de tous les rangs et de toutes les conditions, composaient cette marche funèbre, qu'une musique analogue rendait encore plus triste et plus solennelle. Vingt voitures à huit chevaux venaient ensuite et renfermaient Monseigneur le duc d'Orléans, qui représentait le roi à cette triste cérémonie ; des Pairs de France, des Généraux, tous les Aides de camp du Prince, Monseigneur l'Evêque d'Amiens, et un grand nombre de personnes de distinction. Un roulement de tambours annonçait enfin le char funèbre, traîné par huit chevaux et disposé avec un goût et une élégance qui font honneur aux talens de l'artiste qui en fut chargé. Ce char était précédé d'un nombreux Clergé, de six cents pauvres, dont la douleur indiquait assez qu'ils avaient perdu leur père. Le cheval du Prince suivait immédiatement après. Cet important Cortége était fermé par une nombreuse députation des Forts de la Halle et par une réunion de plus de trois cents Charbonniers : ce tableau naïf de la douleur populaire n'était pas l'ornement le moins touchant de la fête funèbre. Plusieurs détachemens de troupes fermaient la marche.

Partout, sur cette longueur de plus de deux lieues de chemin, le plus religieux silence a régné pendant la marche, et cette immense population qui y était répandue ne cessa de répandre des larmes à l'aspect de ce triste et imposant spectacle.

Le Cortége arriva à Saint-Denis à deux et demie. Le cercueil fut reçu à la porte de la Cathédrale par le Clergé. Les quatre coins du drap funéraire étaient portés par les Maréchaux de Vioménil et Moncey, et par les Généraux de Béthizy et Dupont. Le corps fut déposé sur une estrade au milieu de l'Eglise pendant la durée de la basse messe, et transporté ensuite dans la chapelle Saint-Louis.

Tels sont les principaux détails de cette noble et touchante cérémonie où tous les cœurs semblaient absorbés par la même douleur, et réunis par le sentiment de la même perte. Enfin, les larmes du peuple ont été la première et la plus belle oraison funèbre de cet excellent Prince, qui a fait du bien à tout le monde, et qui n'a jamais fait de mal à personne.

On ne saurait trop faire l'éloge des habitans de la commune de la Chapelle, par où passa le cortége pur aller à St.-

Denis. Chaque maison était tendue en blanc, ainsi que les balcons des fenêtres, et sur cette tenture plusieurs allégories relatives à la pompe funèbre se faisaient remarquer comme un dernier hommage payé à la mémoire du prince qui, par un acte de genérosité, quelque temps auparavant, avait rétabli à ses frais l'église de cette commune, et lui avait donné en présent plusieurs ornémens.

Il passait souvent à la Chapelle, et chaque fois il laissait pour les pauvres des marques de sa munificence.

Les habitans de cette commune auraient cru manquer à la reconnaissance pour tant de bienfaits, si dans cette occasion ils ne s'étaient signalés par des marques extérieures de douleur, et qui, en même temps, peignaient si bien celle à laquelle leurs cœurs étaient livrés.

Depuis l'instant où le corps du prince fut exposé dans la chapelle Saint-Louis à l'Abbaye royale de Saint-Denis un concours prodigieux de monde, tant de la capitale que des communes environnantes, et même éloignées de plusieurs lieues, n'a cessé de se rendre à Saint-Denis; chacun veut avoir le triste avantage de rendre ses pieux devoirs au prince. Il est impossible de soutenir la vue de ce spectacle sans être attendri jusqu'aux larmes. Les femmes élégamment vêtues de noir, et celles couvertes des haillons de la misère, s'y trouvent ensemble prosternées au pied des autels. Un seul et même sentiment les occupe uniquement ; et ne leur laisse pas apercevoir la disparité qui existe entre elles.

— Le 23 février, S. A. R. Monseigneur le duc d'Angoulême arriva à onze heures du matin dans le plus grand incognito, à St.-Denis, et entendit la messe auprès du corps de son auguste Frère. La tristesse profonde et l'altération des traits de S. A. R., augmentèrent le deuil de tous ceux qui furent témoins de cette scène de douleur. M. le sous-préfet, M. le maire, et MM. les adjoints, s'étaient rendus à l'église, aussitôt qu'ils eurent appris l'arrivée du Prince, dont ils se tinrent respectueusement éloignés. Heureux et satisfaits d'avoir rempli un devoir important, ils se gardèrent bien de troubler un si douloureux recueillement. En sortant de l'église, S. A. R. qui paraissait ne voir personne, daigna donner à la garde nationale, sous les armes, une marque d'attention dont elle fût vraiment pénétrée. Il n'y a que la religion qui ait pu donner assez de force à S. A. R., pour soutenir le triste et douloureux tableau qu'il a eu devant les yeux, pendant que l'on célébrait l'office divin pour le repos de l'âme de son malheureux Frère.

Tous les faits qui honorent la mémoire du Prince que la France vient de perdre si malheureusement, ne sauraient être recueillis avec trop de soin, et l'on ne saurait trop leur donner de publicité; les faits suivans, arrivés récemment, sont des plus authentiques, et le lecteur ne les lira pas sans regretter de plus en plus leur auguste Auteur.

Monseigneur le duc de Berri passait en cabriolet sur le boulevard des Italiens; S. A. R., vêtue très-simplement, conduisait elle-même; un individu qui traversait imprudemment la chaussée est atteint par le brancard et renversé. Le Prince, qui ne s'en était point aperçu, continuait sa route lorsqu'un homme se met à crier arrête! Le duc de Berri se rend à cette voix; les curieux s'amassent autour du cabriolet, et l'individu, qui heureusement n'était que légèrement blessé, devient l'objet de leur sollicitude. S. A. R. descend, lui donne sa bourse et prend son adresse ; mais le même homme qui avait crié arrête persistait à vouloir que le cabriolet fut conduit avec le maître chez le commissaire. La foule augmentant, et plusieurs personnes qui très-probablement avaient reconnu le Prince, l'ayant aidé à remonter, il partit. S. A. R. qui dès le lendemain s'était rendue à pied et sans suite au faubourg Saint-Antoine où logeait le malheureux qu'il avait renversé, apprend que, par une fatalité remarquable, cet homme se trouvait être déserteur d'une légion; et croyant n'avoir rien fait en hâtant sa guérison par tous les moyens possibles, lui sauve l'ignominie d'une condamnation et le fait amnistier.

— L'un des établissemens de charité de Lille se voyait, quelques mois avant le funeste événement de l'assassinat de S. A. R., dans un état de gêne momentané qui donnait la crainte qu'il ne pût continuer à secourir tous les pauvres dont sa fondation lui prescrit le soulagement ;

une personne qui, par sa position dans cette ville, était à portée d'en être informée, se trouvant à Paris, prit la liberté de se présenter chez Monseigneur le duc de Berri, pour lui demander de vouloir bien contribuer par sa généreuse bienfaisance à la durée d'une institution qu'il protégeait. « Je ne refuserai jamais, lui répondit le Prince, à toute demande qui me sera faite au nom de cette bonne ville de Lille. Ses pauvres ont besoin de secours, je vais donner des ordres pour qu'une somme de mille francs soit expédiée. » Puis il ajouta, en souriant avec bonté : « Je ne puis faire davantage ; car je ne suis pas si riche qu'on le croit ; la France a beaucoup souffert et nous avons bien des charges. »

—Pendant le séjour de l'infortuné duc de Berri dans cette terre hospitalière qui aura toujours, aux yeux de tout vrai Français, le mérite de nous avoir conservé nos Princes chéris, M. le comte de la Ferronnays ayant eu le malheur d'avoir avec le Prince une discussion assez vive, dans laquelle Monseigneur le duc de Berri, emporté par cette vivacité de caractère qu'il rachetait par tant de bonté et de vertu, lui avait adressé des choses assez piquantes en présence de plusieurs de ses gens, s'était vu forcé de quitter le Prince en lui adressant une lettre où il lui exprimait toute sa douleur de voir que ses services ne lui étaient plus agréables, et où il suppliait S. A. R. de vouloir bien accepter sa démission. Le lendemain Monseigneur le duc de Berri lui écrivit un mot de sa main pour l'engager à dîner; le comte de la Ferronnays se rendit aux ordres de S. A. R. Le dîner se passa en silence; une fois rentré dans le sallon, le Prince se promena quelques minutes avec une grande agitation, puis, s'approchant de la cheminée, il sonna avec force, et dit au valet de pied qui entra : « Faites venir un tel et un tel (ceux des gens qui avaient été témoins de la scène de la veille). » Aussitôt qu'ils furent entrés, le Prince leur adressant la parole avec noblesse et dignité, leur dit : « Messieurs, vous avez entendu hier les choses beaucoup trop fortes que j'ai adressées à M. de la Ferronnays, je veux que vous soyez aujourd'hui témoins de la réparation que je veux lui faire et que je lui fais; que cette scène qui s'est passée hier ne soit jamais un prétexte pour manquer au respect que vous lui devez ; le premier qui aurait ce malheur, je le chasse.... Sortez. » Alors se retournant vers le comte de le Ferronnays et lui tendant les bras, il lui adressa ces mots si nobles et si touchans : « Es-tu content ? » Le comte de la Ferronnays, pénétré d'admiration et de reconnaissance pour tant de bonté et de grandeur d'âme, se jeta pour toute réponse, en fondant en larmes, aux pieds de cet excellent Prince qui le releva, et pendant quelques instans le tint pressé sur son cœur si bon et si sensible.

— Une dame se trouvant dans l'embarras voulait se défaire d'un joli petit tableau qui lui avait été donné par un parent ; elle pria une personne de distinction de l'offrir à Monseigneur le duc de Berri, en lui disant qu'il était estimé cinq cents francs. Cette personne en parla à S. A. R. vers la fin de janvier ; lorsque Monseigneur entendit le nom de la dame, il dit : « Son mari est un de mes camarades de l'armée de Condé, je suis fâché de le savoir malheureux ; je ne veux pas priver madame de *** d'un tableau qui doit lui être cher ; offrez-lui un billet de mille francs, dites à N*** de vous le remettre. La personne le dit à M. le comte de N***, qui lui répondit que ce ne pourrait être qu'au commencement du mois prochain, vu que non-seulement la caisse de bienfaisance, mais celle de service étaient épuisées par le grand nombre de secours que le Prince avait accordés.

— Il y a quelques mois que Monseigneur le duc de Berri, traversant en cabriolet le bois de Boulogne avec un seul homme de suite, fut arrêté par un inconnu menaçant qu'il prit pour un voleur. Saisissant aussitôt un pistolet, il intimide cet homme qui s'enfuit précipitamment sous les arbres. Le prince ne parla de cette aventure qu'à celui qu'il a appelé en mourant son vieil ami, avec défense de semer des inquiétudes à ce sujet. En conséquence, M. de Nantouillet faisait autant qu'il le pouvait suivre Monseigneur le duc de Berri dans ses courses éloignées par des gendarmes de chasse déguisés. Il ne les aurait pas soufferts s'il les avait reconnu, lui qui, à Londres même, était effarouché de trouver sans cesse sur ses pas la surveillance active de la police. Plût à Dieu que celle de Paris eût rempli dans la sixième année de la restauration des Bourbons pour l'héritier du trône de France le devoir que le gouvernement anglais s'imposait, avant 1814, pour un prince français émigré!

En revenant de l'affreuse scène du 14 février, S.A.R. Monsieur, passant auprès de la porte du comte de Puységur, son capitaine des gardes, dont l'appartement touche a ceux du Prince, s'arrêta; et s'adressant aux personnes de sa suite: « Prenons garde, dit ce père infortuné, que Puységur n'apprenne..... Il est malade, cela lui ferait trop de mal. »

Nous avons rapporté que l'affreuse nouvelle de l'assasinat de Monseigneur le duc de Berri avait excité dans le cœur de tous les Français les regrets les plus vifs. Cette perte si vivement sentie par toutes les classes de la société a donné lieu aux faits suivans, qui sont une nouvelle preuve de la douleur générale.

Dans une diligence les voyageurs s'entretenaient du crime attroce qui venait d'enlever à la France le meilleur des Princes ; deux soldats s'y trouvaient : « Ah ! plut au ciel, s'écria l'un d'eux, que l'infâme Louvel eût plongé son poignard dans mon cœur, mon malheureux Roi ne pleurerait pas aujourd'hui, et mon Prince vivrait encore.

— Le mardi 15 février, M. Robert, notaire à Fresnes, près Bourbonne, était à dîner avec le curé de sa paroisse, lorsqu'il reçut de Paris, par un voyageur qui arrivait en poste, une lettre d'un de ses amis qui lui annonçait l'assassinat de S. A. R. Monseigneur le duc de Berri ; étant loin de s'attendre à une nouvelle aussi affreuse, il remit la lettre au curé pour la lire ; ne pouvant croire à un crime aussi attroce, il se fit répéter la lecture de la lettre ; assuré que ce funeste événement n'était que trop réel, il s'écria : Quel malheur ! et il tomba mort.

— Une députation des dames du marché de Versailles a offert à Saint-Denis une scène bien touchante. Ces dames ont déposé au bas du catafalque une couronne de fleurs, couverte d'un crêpe, avec une grande feuille de papier où étaient exprimés leurs regrets et leurs sentimens d'une manière très-énergique et très-pathétique tout à la fois. Le style prouve que c'est l'expression naturelle de leur vive douleur, et ce qui le confirme de plus en plus, c'est qu'après qu'elles eurent jeté de l'eau bénite, s'étant arrêtées à réfléchir devant le corps du Prince pleuré de toute la France, tout à coup on vit non-seulement couler de leurs yeux des larmes en abondance, mais on entendit des sanglots tellement forts, qu'on fut obligé de les prier de les modérer pour la décence du lieu, et elles s'écriaient : Oui, oui, bon Prince, tu vivras toujours dans nos cœurs! De pareilles citations n'ont pas besoin de commentaires ; ces faits font mieux l'éloge du Prince que les discours des meilleurs orateurs.

Nous croirions manquer à la reconnaissance nationale si nous ne nous empressions pas de citer les noms des deux braves Français qui ont contribué à arrêter l'infâme Louvel. Ce n'est point un garçon limonadier du café de l'Opéra, mais bien Jean Paulmier, garçon limonadier du café hardi, qui a le premier arrêté l'assassin près de l'arcade Corbert. Il entendit les cris qui le poursuivaient, et le voyant s'enfuir précipitamment, il lui barra le chemin en étendant les bras, et le retint ainsi pendant quelques secondes étroitement serré, ce qui donna le temps au factionnaire de la rue rameau et ensuite à la garde d'arriver, et d'assurer son arrestation, action courageuse qui pouvait coûter la vie à Paulmier, puisque Louvel était armé d'un second poignard dont il aurait pu se servir pour sa délivrance. Jean-Pierre Desbiez (c'est le nom du factionnaire), chasseur au quatrième régiment de la Garde royale, présentait les armes au Prince et à la Princesse, lorsque du côté opposé à celui où il se trouvait, l'assassin s'élança sur le Prince, le frappa et s'enfuit; Desbiez se mit à sa poursuite et fut même le premier à l'atteindre lorsqu'il était dans les bras de Paulmier; c'est également Desbiez qui l'a saisi au corps et qui a aidé à le conduire au corps-de-garde. Déjà la munificence royale avait récompensé ces deux braves, MONSIEUR et Madame la duchesse s'étaient joints au Roi pour leur témoigner par des présens leur vive reconnaissance, lorsque, sur la demande de Son Excel. le Ministre de la Guerre, Sa Majesté a daigné accorder à Desbiez la décoration de la Légion d'honneur, comme un nouveau prix de sa bravoure. La remise de la Croix d'hon- fut faite à Desbiez avec la publicité que méritait sa belle action ; et le 29 février à midi le quatrième régiment d'infanterie de la Garde prit les armes en grande tenue, pour sa réception comme chevalier de la Légion d'honneur.

Le régiment forma, avec ses trois bataillons, trois côtés d'un carré, les tambours placés au quatrième côté.

Le Lieutenant-général marquis de Lauriston, délégué par Son Excellence le Ministre Grand-Chancelier de la Légion d'honneur pour recevoir Desbiez, se plaça au milieu du carré.

Il fit ouvrir un ban et dit :

« Officiers et Soldats,

» Le sang de Henri IV, le sang de nos

..ois, le sang d'un Bourbon vient de couler sous le bras d'un exécrable assassin. Jamais on n'eût osé attaquer à force ouverte une vie si précieuse, défendue par vous, devant laquelle vous eussiez fait un rempart de vos corps. Il a fallu, pour y réussir, employer l'arme du traître, l'arme du lâche, l'assassinat !

» Officiers et Soldats redoublez donc de zèle, de vigilance surtout, pour conserver à la France, à votre patrie, le meilleur des Rois, des Princes, des Bourbons, qui, en toute occasion, et même contre leurs ennemis, ne montrent, comme Henri IV, que valeur, franchise et bonté.

» L'indignation dont vous êtes pénétrés s'est manifestée par le calme imposant de la vraie douleur, calme effrayant pour les traîtres.

» Votre roi a vu dans sa garde fidèle et dévouée ce regret de n'avoir pu préserver du fer d'un assassin un Prince qui lui était si cher.

» L'ardeur de Desbiez, pour s'élancer et saisir l'assassin, a prouvé qu'il eût voulu sauver les jours de ce bon Prince aux dépens des siens. Tous ceux de service avec Desbiez dans ce lieu fatal, toute la garde royale, toute l'armée, la France entière ont montré les mêmes sentimens.

» Venez, Desbiez, venez recevoir, au nom de votre Roi, la décoration de la Légion d'honneur, récompense de la bravoure et de la fidélité; dites à vos camarades ce que vous avez éprouvé dans ce moment déplorable pour la France; dites-leur combien il vous eût paru doux et glorieux de verser votre sang pour ce Prince, l'objet de nos regrets éternels, pour ce Prince qui, touchant à son dernier moment, recueillit toutes ses forces pour demander à son Roi, la grâce.... de qui? la grâce de l'homme qui l'avait frappé! Telle est la grandeur d'âme des Bourbons!

» Officiers et Soldats, oui, vous couvrirez de vos corps, oui, vous défendrez, au péril de la vie, votre Roi et l'auguste sang des Bourbons. »

Vive le Roi! vivent les Princes! vivent les Bourbons!!!

Ces cris ont été répétés vivement et à diverses reprises par les soldats et les spectateurs, et le ban fut fermé.

Un nouveau ban fut ouvert, Desbiez s'avança, et mis un genou en terre, le général lui lut le serment, après lequel Desbiez dit : je le jure.

L'accolade lui fut donné par le général, et le ban fut fermé.

Le régiment défila avec les tambours, sans que la musique se fût fait entendre.

M. le général comte de Lauriston ayant eu l'honneur de déjeûner avec le Roi le 2 mars, Sa Majesté lui adressa ces paroles flatteuses : « Général, c'est publiquement que vous avez remis à Desbiez la décoration de la Légion d'honneur, c'est publiquement aussi que je veux vous témoigner toute ma satisfaction de la manière dont vous avez parlé dans cette circonstance. »

» Sire, a répondu le général, j'ai tâché de parler le langage que le soldat entend le mieux, celui de l'honneur. »

Tel est le récit exact de la mort affreuse de S. A. R. Monseigneur le duc de Berri, et les traits que nous venons de citer, qui prouvent si bien la bonté de son cœur, répétés d'âge en âge, le feront regretter à jamais.

Ah! lorsque le 17 juin 1816, la France le vit unir ses destinées à celles de Marie-Thérèse Caroline, fille aînée du prince royal des Deux-Siciles, quel heureux avenir ne se promit-elle pas? Cette union lui donnait le doux espoir de voir naître une longue suite de princes qui, en perpétuant l'auguste famille de Saint-Louis, assurait à jamais le bonheur de la nation. Avec quels témoignages d'allégresse fut reçue la jeune princesse; semblable à l'ange de la paix, sa présence faisait oublier tous les malheurs, toutes les peines. L'aurore de la félicité allait luire enfin sur la France et cimenter l'union de tous les partis.

Combien de bénédictions reçurent ce couple auguste, lorsqu'on vit Monseigneur le duc de Berri consacrer au soulagement des victimes de la dernière invasion les cinq cents mille francs que la chambre des Députés avait ajoutés au million demandé par le ministère, pour embellir dans cette occasion l'appanage de ce prince !

Hélas ! pourquoi faut-il que quatre ans après les flambeaux de l'himen se soient changés en torches funéraires ? Avions-nous besoin de cette cruelle épreuve pour prouver par nos regrets à l'Europe entière combien ce prince nous était cher ?

Puisse cet affreux événement, si profondément gravé dans les cœurs, les rallier tous en faisceaux autour du trône ! Puisse-t-il enfin être le sceau de la réunion de tous les partis en un seul, celui de la couronne ! Puisse cette auguste victime du fanatisme nous faire oublier nos toujours toute dissention politique, et combler enfin l'abîme des révolutions! Tels sont les vœux de tout bon Français; puisse le ciel les exaucer!

Nous allons terminer cet ouvrage par une courte notice sur ce prince, et par des réflexions qui nous sont inspirées par l'affreux tableau que nous avons retracé du triste et déplorable événement que nous avons à regretter.

CHARLES-FERDINAND DE FRANCE, DUC DE BERRI, second fils de MONSIEUR, comte d'Artois, naquit à Versailles le 24 janvier 1778. Il avait onze ans lors de la révolution de 1789, qui força son auguste père de fuir une terre où l'anarchie, commençant à se développer, menaçait de se porter à tous les excès contre les membres de l'illustre famille royale des Bourbons. En 1789, il accompagna le comte d'Artois à Turin, où il continua ses études avec le duc d'Angoulême, son frère, sous la direction de M. le duc de Serrent, leur commun gouverneur.

En 1792, à l'âge de quatorze ans, il fit sa première campagne sous les ordres de son père, combattit souvent à ses côtés, et montra que la bravoure et le courage sont héréditaires dans l'illustre famille des Bourbons. Le succès ne répond pas toujours aux plus nobles entreprises; après une campagne qui fût infructueuse pour la cause royale, le duc de Berri revint à la cour de Sardaigne : quelque temps après, il se rendit à l'armée du prince de Condé, où il eut le commandement d'un corps de gentilshommes. En digne descendant de Henri IV, de ce roi dont un poète célèbre a dit :

> Et seul roi dont le peuple ait gardé la
> mémoire;

il se montra, à la tête de cet illustre corps, brave, courageux, franc et loyal. Sa vivacité naturelle donna plus d'éclat aux qualités de son cœur généreux; car, comme le dit Rollin, c'est par le cœur que les princes sont vraiment princes.

En 1800, le duc de Berri devint chef du régiment noble au service de la Russie; mais la politique de ces mêmes puissances coalisées qui, pendant si longtemps, fut moins utile que funeste à son infortunée famille, ne lui permettant plus de conserver le commandement de ce corps, il s'embarqua en 1801 pour l'Angleterre, où il alla rejoindre son auguste père.

Le duc de Berri continua à vivre en Angleterre comme un simple particulier jusqu'en 1805. A cette époque, Gustave Adolphe, roi de Suède, animé du désir de lutter contre Bonaparte, en vengeant la cause des rois, s'était avancé dans le Hanovre. Dans la volonté bien prononcée de concourir franchement et avec loyauté au rétablissement de la dynastie des Bourbons, il demanda que le duc de Berri vint commander dans ses armées. Ce prince, accompagné de Monseigneur le comte d'Artois, se mit en route pour se rendre au quartier génér du roi de Suède ; mais, ce qu'ils n'avaient pu prévoir, ce monarque s'étant vu bientôt obligés d'évacuer l'électorat de Hanôvre, par l'arrivée soudaine des armées de Bonaparte, les deux princes français se virent dans la nécessité de retourner en Angleterre.

Le continent, presqu'envahi par Bonaparte, n'offrait plus aux Bourbons un asile assuré contre le moderne Attila. L'Angleterre seule devint le réfuge de tous ceux que la révolution française poursuivait en tous lieux. Le duc de Berri se vit malgré lui enchaîné sur les rives de la Tamise. C'est de Londres qu'il faisait de fréquens voyages au château de Hartwell, séjour de Louis XVIII.

Depuis le désastre de Moscou, et de tous les malheurs qui en avaient éte une suite inévitable, les opinions avaient changées. Dans ces circonstances, c'est-à-dire en 1813, plusieurs agens imprudens ou perfides, persuadèrent facilement de zélés partisans du Roi à regarder comme possible le débarquement d'un Bourbon sur les côtes de la Normandie, où, prétendaient-ils, il é-

attendu par 40,000 Français armés et dévoués entièrement à la cause royale. Le duc de Berri fut désigné pour être à la tête de cette grande et noble entreprise. Ce prince, à qui l'on en fit part, n'hésita pas de se porter en avant avec toute l'ardeur d'une âme franche et courageuse. Déjà on avait arrêté le vaisseau qui devait le transporter sur le rivage de la Normandie ; mais des serviteurs plus prudens et même plus clairvoyans, envoyés aux îles de Gersey et de Grenesey, se hâtèrent de lui mander que ce projet, si séduisant en apparence, n'était qu'un piége inévitable, et qui pouvait avoir les suites les plus fâcheuses, et il resta en Angleterre.

Cependant l'horison politique s'obscurcissait de plus en plus ; l'aveugle fortune, qui avait suivi les étendards de l'Attila moderne, avait abandonné une cause pour ainsi dire désespérée ; l'heure avait enfin sonné où la France, sur le point de revoir ses maîtres légitimes, devait respirer sous un gouvernement plus doux et plus paternel. Les Bourbons reparurent en France.

Le duc de Berri, qui était à Jersey

depuis deux mois, s'étant rendu le 12 avril 1814 sur le navire l'*Eurotas*, débarqua le 13 à Cherbourg.

Il était sur le point d'entreprendre un voyage dans les départemens de l'Ouest et une seconde tournée dans les places de guerre, lorsque le retour de Bonaparte vint déranger ses projets, et suspendre son voyage.

Il fut bientôt convaincu que l'arrivée de Bonaparte était secondée par ses agens dans l'intérieur; car, le 8 mars 1815, ayant été inspecter l'Ecole militaire, la caserne de Babylone et fait plusieurs promotions, il fut accueilli froidement par les troupes.

Le 11 le Roi lui confia le commandement général de toutes les troupes qui étaient à Paris et dans les environs. Mais cette armée, qui aurait pu arrêter Bonaparte dans sa marche sur Paris, séduite et entraînée par les agens du Corse, passa dans les rangs de ce dernier.

Le prince voyant qu'il n'était plus

... de compter sur les troupes, la nuit du 19 au 20 mars, quitta la capitale avec MONSIEUR, accompagnant le Roi à la tête de sa maison et de ses fidèles serviteurs. On marcha dans cet ordre jusqu'à Beauvais, où l'on arriva le 21; de là on prit la route qui conduit à Calais, tandis que Louis XVIII se dirigeait sur Lille, et le 20, les princes rejoignirent le Roi à Gand; mais le duc de Berri s'établit à Alost, d'où il faisait de fréquens voyages, soit à la cour de Gand, soit à celle des Pays-Bas.

Tout le monde connaît l'histoire des cent jours pendant lesquels Bonaparte, pour le malheur des Français, vint siéger sur le trône des Bourbons; et il est superflu de r'ouvrir une plaie qui n'est pas encore entièrement cicatrisée. On sait aussi quelle fut l'issue de la bataille de Mont-Saint-Jean. Après cette effroyable journée, l'armée Royale, qui accompagnait S. M., fut passée en revue par le duc de Berri, le 21 juin 1815, se mit en marche sous ses ordres, vint coucher à Grammont le même jour, à Ath le lendemain, à Mons le jour suivant, à Bavai le 24 et bientôt à Cambrai.

Le 8 juillet, étant prêt à partir de Saint-Denis pour se mettre à la tête de la maison du Roi, le duc de Berri, sur le point de quitter le commandement, vint témoigner aux officiers de cette maison militaire la satisfaction de sa bonne conduite et de son dévouement, et il ajouta : « Il vous reste » un devoir non moins important à » remplir dans cette mémorable cir» constance, et c'est le Roi qui vous » le prescrit. Vous garderez un silence » absolu, lors même que les cris ex» pirans de la révolte ou quelques » débris du signe de rébellion vien» draient exciter votre indignation. » Telle fut la vie politique de ce Prince, qui donnait de si belles espérances, et qu'un fatal moment a anéanties!

CONCLUSION.

Un crime effroyable a été commis et le deuil de la France ne peut rien contre ses inévitables suites. Nous payons aujourd'hui le fruit amer de trente ans de révolution. Nous recueillons ce que nos pères ont semé, et la providence seule pourrait dire à quel genre d'épreuves nous sommes peut-être encore condamnés..... ; et cependant il n'en est pas de plus amère que celle que nous venons de subir. Le dernier rejeton de la race royale, tombant à la fleur de l'âge sous le fer assassin, et emportant avec lui dans la tombe l'avenir de la France, l'esprit révolutionnaire dont nous déplorons les crimes passés, devait donc encore commettre un crime qui les égale tous. Il n'attend pas que les anciennes plaies soient fermées, pour en ouvrir de nouvelles. Ce despote de notre âge tient ses regards farouches attachés sur la

France, et comme ces affreux césars qui désolèrent la vieillesse de Rome, il frappe partout où il y a une vertu à punir, une espérance à tromper. Quand il ne peut plus citer les rois et les peuples à son sanglant tribunal; quand ses séductions n'ont pu entraîner les soldats, il porte ses coups dans l'ombre, et demandant à la trahison ses poignards héréditaires, il immole un petit-fils d'Henri IV avec le fer d'un nouveau Ravaillac. L'athéisme nourrit pour lui dans des sectes impures ces ardens satellites du crime que rien n'arrête, parce que le néant les console de la mort. Un misérable, grandissant tout-à-coup par la perversité, fait pleurer l'Europe, et sa main vulgaire que réclamait l'outil du journalier, se baigne dans un sang généreux dont chaque goutte était sans prix pour la France.

O malheureuse France! jadis aimée du ciel, aujourd'hui l'objet de sa malédiction, terre battue de tous les orages, veux-tu donc que l'étranger ne puisse aborder qu'en frémissant ta rive inhospitalière, et entendre tous les jours cette voix d'en haut si redoutable à Caïn te répéter : « Qu'as-tu fait de tes rois. » Répondras-tu : « J'ai eu pour les aînés de la race salique des jugemens dérisoires et des tombereaux qui ont conduit à la mort toutes les vénérations de la terre : j'ai eu pour un autre une exécution nocturne et une fosse ignoble aux pieds du château de Charles V ; et pour ma dernière victime enfin, il m'a suffi de la rage d'un adepte et d'un morceau de fer aussi vile que la main qui s'en est servi.

Ah ! quand Bossuet étalait aux yeux de la cour de Louis XIV toutes les adversités d'une française unie aux destinées des Stuarts, ces aînés des rois de l'Europe, en infortune, il ne prévoyait pas que deux princesses étrangères trouveraient en France, un siècle après lui, d'aussi lamentables revers.

Fille auguste des rois, vous que nous avions accueillie sous de si doux auspices, ne détournez point vos regards de la France. Cette terre, bientôt épuisée pour le mal, touche peut-être plus que toute autre à l'époque de son rajeûnissement. Relevez-vous, jeune lys sitôt courbé par l'orage, et entrelacez-vous à cette tige immortelle que Dieu ne laissera pas sécher dans sa racine. Montrez-vous à la France avec cette urne des veuves que le crime a mis de si bonne heure entre vos mains ; montrez-vous à la France avec le premier gage de votre himen et ces consolantes espérances d'un autre rejeton à qui la France pourra parler comme à Louis XIII des vertus et des malheurs de son père. La France pleurera à votre aspect comme l'Italie pleura jadis à l'aspect de la veuve de Germanicus ; votre époux faisait comme lui les délices de la patrie ; comme lui il brûlait de conduire à la gloire les légions de son oncle ou de son père. Mais nous ne nous bornerons point comme les amis de Germanicus à une stérile douleur ; Nous nous serrerons autour du trône, nous deviendrons son appui : nous le jurons par les mânes de votre auguste époux.

Qui de nous, en suivant ce drap funéraire qui couvrait tant d'espérance éteinte, n'a pas senti croître dans son cœur cette fermeté chrétienne qui se roidit contre les revers, et qui seule peut conserver à la France les précieux restes de cette race royale, si cruellement mutilée par le crime.

Hélas! nous avons entendu le dernier soupir de la plus auguste des victimes, nous avons vu un père au désespoir, un père inconsolable à genoux, en prière devant ces bancs rassemblés à la hâte, sur lesquels expirait un fils de France; nous avons vu une femme tenant son enfant dans ses bras et toute couverte du sang de son mari; nous avons vu un vénérable monarque s'approcher pour fermer les yeux du jeune héritier de sa couronne! Madame était là dominant sur cette scène de deuil comme une héroïne éprouvée aux combats de l'adversité. Monseigneur le duc de Bourbon prenait sa part de la douleur; il croyait assister à la mort de son fils : coup affreux qui a frappé l'arbre dans sa racine! Ah! malheureuse France, parce que tu l'avais proscrit dans son enfance, as-tu méconnu ton enfant, et n'a-t-il pu se sauver dans tes bras!

La révolution semblait rassasiée du sang des Bourbons; elle n'en était qu'enivrée. Cette ivresse, loin d'appaiser sa soif, en augmentait l'ardeur. Louis XVI, Madame Elisabeth, Louis XVII, le duc d'Enghien n'ont pas suffi aux ennemis de la légitimité ; ils ont fait un nouveau choix parmi les enfans de Saint-Louis. En immolant le duc de Berri, ils ont voulu répandre à la fois le sang que ce prince avait reçu de tant de monarques, et celui qui devait animer le cœur d'une longue postérité de rois.

Hélas ! nous étions loin de penser qu'il se trouverait en France un monstre tel que toutes nos joies, nos espérances se changeraient bientôt en douleur, et que bientôt, à la suite d'un char funèbre, nous pleurerions tout notre espoir !.... Nous l'avons suivi à sa dernière demeure ce prince bien aimé et apprécié, surtout depuis qu'on l'a perdu, dont on découvre chaque jour une action, une qualité nouvelle pour lui devoir un hommage de plus. Nous avons vu le cortége de pauvres et de guerriers qui entouraient le cercueil ; digne cortége du prince qui fut le père des malheureux et le compagnon des vieux soldats de Condé. Nous avons vu à pied autour de sa tombe ces vieux soutiens de la monarchie; ils pleuraient avec ces guerriers plus jeunes qui perdaient à la fois le prince et l'espoir de combattre un jour à ses côtés. Le peuple de Paris s'est uni à la douleur commune ; il s'est mis à la suite du convoi ; il a prié avec les pauvres, pleuré avec l'honneur et la fidélité..... Chacun sent mieux encore aujourd'hui qu'au premier moment l'étendue de la perte qu'il a faite. Puisse le ciel nous en éviter toutes les conséquences, et prendre enfin pitié de nos longues infortunes!

FIN.

www.ingramcontent.com/pod-product-compliance
Ingram Content Group UK Ltd.
Pitfield, Milton Keynes, MK11 3LW, UK
UKHW021227230726
13926UKWH00003B/1288

9 782014 044652